Andreas Schärer

Wie das Blaue vom Himmel

Gedichte und Kurzgeschichten

Bibliografische Information der Deutschen Nationalbibliothek:
Die Deutsche Nationalbibliothek verzeichnet diese Publikation
in der Deutschen Nationalbibliografie;
detaillierte bibliografische Daten sind im Internet
über http://dnb.d-nb.de abrufbar.

© 2009 Andreas Schärer
Umschlagdesign: Harry M. Bruppacher
Textkorrekturen: Stephan Daehler, www.klippundklartext.ch
Satz, Herstellung und Verlag:
Books on Demand GmbH, Norderstedt

ISBN: 978-3-8334-8684-5

Wie das Blaue vom Himmel

Inhalt

Single

Ich bin ein Single und wo bist du
Denn als Single sehe ich oft nur zu
Weiss nicht, was ich hier noch tue
Frage mich nach dem Sinn, nach dem Sein
Denn zurzeit fühle ich mich allein

Ich bin ein Single und wo bist du
Und wiederum sagt mir eine innere Stimme
Du bist nicht irgendwer und trotzdem
Einen Partner zu finden ist doch sehr schwer

Ich bin ein Single und wo bist du
Versuche es jetzt, ich werde mich trauen
Kopf hoch!
Nur so kann ich auch vorwärts schauen

Und schon so oft ist es passiert

Vis-à-vis sitzt eine Frau oder ein Mann
Und ihr beginnt zu plaudern, geht aufeinander ein
Wir alle wissen: Gebrannte Kinder scheuen das Feuer
Und das ist auch oft der Grund,
Warum so viele noch immer Single sind

Es gibt keine Garantie,
Die euch für immer zusammenhält

Denn heutzutage denken viele gleich an eine Trennung
Sobald es etwas unbequem wird in ihrer Beziehung

Nur keine Konflikte lösen,
Vor Schwierigkeiten davonlaufen
Doch was der Tod euch nicht nimmt
Und wir mit Liebe pflegen
Kann ein Leben lang halten

Doch ihr werdet es nur wissen
Wenn ihr auch bereit seid,
Für eure Liebe zu kämpfen

Umarme die Welt

Ob an einem sommerlich heissen Tag
Oder in einer verschneiten, kalten Nacht

Fühle ich, wie eine Kraft voller Liebe in mir lacht
Weil ich glaube, dass mehr als eine Seele
Über mich wacht

Momente, in denen ich allen vergebe
Und mich schäme, wie die Menschen lügen

Um meinen inneren Frieden muss ich mich sorgen
Wer weiss denn schon, was uns bringt
Der nächste Morgen

In Gedanken umarme ich die Welt
Und vergesse für einen Moment
Das Negative, das was dem Menschen so gefällt

Und schon werde ich eines Besseren belehrt
Stelle fest, dass man mir den Rücken zukehrt

Doch ich werde immer an das Gute
Im Menschen glauben
Denn die Nächstenliebe überbringen nicht die Tauben

Und lache sie alle an in meinem Leben,
So oft es mir gefällt
Und umarme so jeden Tag in Gedanken die Welt

Alle verdienen das Licht

Es umgarnt auch das, was wir selber nie werden
Das Licht überwindet alle Hürden
Es wird nie vorenthalten noch verboten
Und verletzt uns nicht mit Worten

Reines Wasser, Schmutz und Staub
Für Gerümpel und ist er noch so dreckig
Alle verdienen das Licht, egal wie eckig

Wo immer wir auch geboren
Für diesen Ort sind wir bestimmt
Das Schicksal lernen wir kennen
Es beginnt als Kind

Sie missbrauchen den Glauben
Mit einer Waffe in der Hand
Gehen mit offenen Augen
Wo bleibt der Verstand
Noch ist keiner erwacht
Immer noch Blut am Strassenrand

Egal, welchen Gott ihr auch verehrt
Findet den Weg zu ihm,
Ohne ein Schlachtfeld zu hinterlassen
Nur so wird der Weg in das Licht euch allen gewährt
Der ganzen Welt und allen Menschenrassen

Sirenen

Es ist Mittwochnachmittag und die Medien künden
Wieder einmal einen Probealarm an

Punkt zwei schalten sie die ersten Sirenen ein
Und kaum schweigt die eine, beginnt die andere
Im nächsten Ort
Ich kann nichts dagegen tun
Denn mir laufen dabei so oft die Tränen

Für mich schreit der Tod durch die Sirenen
Mir läuft es kalt den Rücken hinunter
Fühle fremden Schmerz in meinen Venen

Der Krieg vergangener Zeiten kehrt
In diesen grellen Tönen zurück
Ich denke an die Unschuldigen,
Die um ihr Leben rennen
Menschen, die ich nicht kenne

Besonders an die Kinder, die in der heutigen Zeit
In einem Krieg stehen, wo Sirenen schreien,
Wo es explodiert
Da, wo die Zivilisation nicht mehr existiert

Und ich weiss genau, dass ich noch viele Tränen in
Meinem Leben verlieren werde
Da zu viele am Krieg verdienen und der Krieg
Ein Arbeitgeber ist und bleibt
Der einzige Wunsch, den ich noch habe

Ist, dass der Probealarm
Für uns immer ein Probealarm bleibt
Und alle diese armen Seelen ihren Frieden finden

Einfach Ich

Ich bin, also bin ich
Nimm mich an, so wie ich bin
Denn solange ich bin
Bin ich, was ich bin

Und findest du es nicht gut
So wie ich bin, so sage es mir
Vielleicht macht es Sinn

Doch sagt mein Herz
Ich soll bei dir so bleiben, wie ich bin
Dann lasse ich mein Ich in mir drin

Denn ändere ich mich zu deinem Gewinn
Und will nicht, dass ich gegen mich bin
Verliere ich mein Ich und ich bin nicht mehr der
Der ich bin

Denn was sich liebt, das passt sich an
Und bleibt bei dir
Nur so wird aus einem
Ich und Du ein Wir

Dunkelheit

Meine Worte sollen wie das Kerzenlicht sein
Und das Dunkle in dir beleuchten

Doch da, wo das Licht schon in dir scheint
Da braucht meines nicht in dir zu leuchten

Und findet es noch Dunkelheit in dir
Die du nicht preisgeben willst, fühle ich das in mir

Und ziehst du dich vom Leben zurück
So rückt mein Licht an dein Herz immer näher
Stück für Stück

Es soll dir sagen, gib dich nie auf
Denn hier und jetzt ist deine Zeit
Typisch Leben, mal runter, mal rauf
Sei dafür bereit

Du bist wie eine Blume, die aus einem
Nichtssagenden Samenkorn wächst
Und du weisst gar nicht, wie viele du
Glücklich machst mit deiner Gegenwart
Wenn sie sehen, wie schön du bist
Wenn du aufblühst

Es geht nicht darum dich mit Komplimenten
Zu überschütten
Du sollst nur viel mehr Freude am Leben finden
Denn so viele Menschen leben in Not

Und wünschen sich
Richtig zu leben, ein kleines Stück vom Glück
Doch was kümmert es dich

Das Leben in vollen Zügen geniessen
Wird es nie für alle auf Erden geben

Ich habe es akzeptiert und trotzdem
Sollen meine Worte wie ein Kerzenlicht sein
Der Dunkelheit gebe ich keine Chance
Der Optimismus kehre in dein Denken ein

Damit deine Kinder und deren Kinder von dir lernen
Dass ihr Leben auch ein Kerzenlicht ist
Das zu einem grossen Feuer werden kann

Doch das geht nur, wenn eure Flamme
Für das Leben brennt

Suchst du immer noch

Du bist jung, das Leben wird dir offen stehen
Doch es gibt viele Wege und du musst verstehen

Du wirst es nicht finden mit Arroganz
Du wirst es nicht finden, wenn du dir etwas vormachst
Du wirst es nicht finden im Materialismus
Du wirst es nicht finden mit Oberflächlichkeit
Du wirst es nicht finden mit Gewalt und Gier
Und du wirst es nicht finden mit Neid und Missgunst

Nun bist du etwas älter, suchst du immer noch?
Ich habe lange gesucht und auch gefunden

Du wirst es finden ohne Vorurteile
Du wirst es finden mit aufrichtiger Liebe
Du wirst es finden mit Toleranz
Du wirst es finden mit Respekt
Du wirst es finden, wenn du zuhören kannst
Du wirst es finden in Dankbarkeit
Und du wirst es finden mit Bescheidenheit

Und hast du es auf diese liebevolle Art gefunden
Lebe es den Kindern vor und zeige
Wie das Leben mit all seinen
Schwierigkeiten zu meistern ist

Vielleicht machen sie es dir nach
Und leben nach deiner Art
Dann hast du gewonnen und alles erfüllt
Und war es auch noch so hart

Siegerblut

Dein Gegner ist nie ein Feind

Sondern du selbst

Du bist dein einziger Feind

Du alleine wirst dir im Wege stehen

Sobald du aufhörst an dich und an

Dein Können zu glauben

Wenn dein Wille und deine Kraft

Zu einer Einheit zusammenschmelzen

Dann nutze sie.

Zeige, was in dir steckt und dass du an dich glaubst

Denn persönliche Erfolge erreichst du nur mit Siegerblut

I.L.D.

Ich habe eine Stimme, einen Dialekt
Eine Handschrift und Sätze ganz direkt

Es kostet mich nichts sie zu gebrauchen
Lasse mich mit dir lachen
Dich fühlen, zusammen in unsere Träume tauchen

In jedem von uns steckt ein Original
Jeder auf seine Art und Weise
Bei unseren Begegnungen fühle ich das jedes Mal
Sprichst du laut, sanft oder auch mal leise

Doch so langsam gehen unsere Dialekte
Und Charakterzüge ganz verloren
Immer dann, wenn wir uns der digitalen und
Elektronischer Sprache bedienen

Deshalb tut es mir oft so weh
Und bedaure es sehr
Wenn ich so wertvolle Sätze wie

„Ich liebe Dich" in einem SMS
Um Kosten zu sparen

Als I.L.D. zu lesen sehe

Über 31 Millionen Sekunden

Wir stehen schon wieder vor einem neuen Jahr.
Jeder mit seinen Erwartungen, Ängsten, Wünschen und Träumen.
Für mich ist ein neues Jahr ein Betreten eines leeren Raumes.

Ein Raum aus über 31 Millionen Sekunden.
Jede Sekunde, die zu unserem Leben geschrieben wird. Individuell und jede einzelne auch ganz persönlich formuliert. Es wird mit Gutem, Schlechtem, Erfreulichem, Unangenehmem und auch Überraschendem gemischt sein.

Millionen von Sekunden, wovon wir leider auch so viele wieder vergessen.
Da wir uns nicht mehr die Zeit nehmen, das Leben, welches uns geschenkt wurde, bewusster zu leben. Jeder beginnende Moment, also wieder eine neue Sekunden unseres Daseins, ist so schnell gelebt und geht auch schnell vergessen und verloren.

Versuch doch vielleicht dieses Jahr daran zu denken, deinem Leben mehr Lachen, mehr Freude und Optimismus zu verleihen, denn deine Mitmenschen, die mit dir und um dich leben, dich lieben und dir vertrauen, tanken ganz automatisch auch ihr Leben mit diesem Optimismus auf, den du verbreitest.

Denn wenn wir diese Welt verlassen, bleibt in den Herzen der Nachwelt, in aller Munde und in allen Gedanken mehr das Gute hängen, das wir hinterlassen und dieses kann zu einer motivierenden Kraft werden.
Wir lernen vielleicht dadurch allen Menschen auf unseren Wegen mehr Beachtung zu schenken, ihnen mehr entgegenzugehen.

So lasst uns gemeinsam mit jedem guten Gedanken einen über-
zeugten Schritt vorwärts- und nicht bei jedem negativen Gedanken,
bei Neid und Missgunst zwei Schritte zurückgehen.

Denn ich würde nicht jedes Jahr über 31 Millionen Sekunden mei-
ner positiven Lebenseinstellung verschwenden, wenn ich nicht daran
glauben würde, mit dieser Einstellung der Nachwelt etwas Wertvolles
zu hinterlassen und ihr damit Mut zu machen, die Zukunft positiver
anzugehen.

Die Sonnenbrille

Oh ja, die Sonnenbrille, wie sie eigentlich heisst, sollte sie ja doch in erster Linie vor dem Sonnenlicht schützen.

Nun ja, mit der Zeit wurde dieses kleine Gestell mit den zwei Gläsern für die Menschheit ein sehr wichtiges Modeaccessoire.

Sie ist viel mehr als nur ein das Sonnenlicht abweisendes Gestell mit zwei Gläsern.

Designer verewigen sich und versehen alles mit ihrem Namen und Initialen wie LV, GA, GV, DG usw. Damit steigt natürlich auch der Wert der Brille. Und die Konsumgesellschaft ist bereit dreistellige Summen für eine Sonnenbrille zu bezahlen. Weil es doch wichtig ist, dass die anderen sehen, was wir tragen.

Denn so eine Sonnenbrille – ganz besonders eine Markensonnenbrille – macht uns selbstsicher. Wir müssen dem Gegenüber nicht mehr in die Augen schauen, wir könnten sogar die Augen schliessen, ein bisschen einnicken, wenn der Gesprächspartner vielleicht von seinem Leben, das uns ja so brennend interessiert, erzählt. Ganz unbesorgt könnten wir unsere Blicke anderem zuwenden, während der Partner mit uns spricht. Ist das nicht toll, mit so einer Sonnenbrille ist man fast offiziell anonym.

Immer wieder sehen wir im Fernsehen, dass die Prominenten die Sonnenbrille an Beerdigungen tragen. Dürfen denn Prominente keine Tränen zeigen oder können sie es nicht. Wie dem auch sei.

Es wird schon den Babys eine Sonnenbrille aufgesetzt, sieht ja auch ziemlich cool aus, ein Baby mit Sonnenbrille. Wir hatten dafür einen Sonnenschirm.

Doch am schlimmsten finde ich die, die am Abend und in den Tanzlokalen eine Sonnenbrille aufsetzen.

Warum denn? Sehen die Männer so diskreter den Damen in den Ausschnitt oder auf ihren Hintern?

Wird man mit einer Sonnenbrille zum Voyeur? Oder flirten sie vielleicht mit den Augen der Freundin der Freundin? Echt cool, das spricht für ihre Persönlichkeit.

Oder wollen sie uns sagen, dass wir sie blenden, weil wir für sie alles Leuchten sind.

Ich denke eher, dass einigen, wenn sie ihre Sonnenbrillen abziehen würden, ihr Minderwertigkeitskomplex und der Mangel an Selbstbewusstsein zu schaffen machen würden. Oder dass ihre Augen uns zeigen würden, wovon sie zu viel oder zu wenig gehabt haben.

Und so bin ich nach wie vor der Meinung, dass sich viele Menschen hinter einer Sonnenbrille verstecken.

Wenn ich damit falsch liege, so beobachtet euch doch einmal selbst.

Und sagt mir, wie ihr euch fühlt, wenn ihr in der Öffentlichkeit eine Sonnenbrille tragt.

Grossvater

Mein Grossvater war ein lustiger Mensch, obschon es zu seiner Zeit nicht viel zu lachen gab.

Ich liebte meinen Grossvater und hörte ihm, wenn er seine Geschichten über das Leben und wie es funktioniert erzählte, immer aufmerksam zu.

Sein Spielzeug war ein Stück Holz, das er an einer Schnur angebunden hinter sich herzog, oder ein Holzreifen, dem er oft nachgesprungen ist.

Wenn er am Erzählen war, setzte ich mich immer ganz nahe zu ihm hin, weil er seine grossen, warmen Hände um mich legte.

Er hatte immer kurzgeschorenes Haar, graue Bartstoppeln, aber mit seinen himmelblauen Augen einen liebevollen Blick.

Und so begann er mit seinen Geschichten vom Leben und wie es funktionierte zu erzählen:

Unbekümmert wird deine Kindheit sein, du kannst morgens bis abends mit deinen Freunden draussen spielen, lernst die Blumen auf den Feldern kennen, die Bäume, die Tiere im Wald und du hörst die Glocken der Kühe und Ziegen, sagte er überzeugt.

Natürlich nimmst du draussen etwas Dreck in den Mund und machst dich so richtig schmutzig, versuchst auf Bäume zu klettern, auf denen die grossen Kirschen wachsen, spazierst mit deinen Schulkameraden am Bach entlang, suchst nach kleinen Fischen, und der Wald duftet rein und frisch.

In der Lehre sparst du auf dein erstes Mofa und bist stolz darauf, wenn du es dir dann kaufen kannst. Du wirst jedoch die meiste Zeit deines Lebens mit deinem Beruf verbringen.

Vielleicht wirst du heiraten und dir ein Häuschen bauen, wirst selber Papi, und deine Kinder werden grösser, danach bist du Grossvater und erzählst vielleicht sogar meine Geschichte vom Leben.

Die Zeit ist vergangen und langsam beginnt mein Leben sich zu entfalten und immer wieder denke ich an Grossvaters Geschichte.

Und weisst du was, lieber Grossvater.

Ich spiele morgens bis abends, ja, es ist aber nicht draussen, sondern in einer Kinderkrippe und als ich nach dem Namen der Blumen in den Töpfen fragte, wusste die junge Betreuerin es nicht einmal, schade!

Draussen dürfen wir nicht zu laut lachen, weil nicht alle Nachbarn das gern haben.

Die Glocken wurden den Kühen abgenommen, es sei Ruhestörung, und die Ziegen gibt es im Zoo.

Der Sandkasten im Plastikkübel ist gar nicht mal so schlecht. Ich habe sogar eine Handvoll Sand versuchen wollen, so wie du es erzählt hast, doch noch bevor ich ihn in den Mund stecken konnte, haben sie mir den Sand aus den Händen geschlagen und mir mit viel Wasser das Gesicht und den Mund gewaschen und dabei sehr geschimpft.

Der Weg in die Schule sieht schön aus, aus dem Auto heraus, mit dem ich später in die Schule gefahren werde und unterwegs sagt mir meine Mutter immer, dass ich meinen Znüni essen solle, mit dem Gemüse, das ganz frisch aus dem Kühlregal vom Supermarkt kommt, weil wir keine Zeit haben für einen Garten, der auch zu viel Arbeit machen würde.

Oh, die Schule ist ein grosses, modernes Gebäude und es duftet wie im Spital. Da ist es nicht wichtig, wie es in dir aussieht, sondern wie du äusserlich aussiehst. Nach diesen Kriterien hast du viele oder nur wenige Freunde.

Auf dem Pausenplatz stehen drei grosse Kirschbäume, ich denke solche wie diejenigen, als Grossvater klein war. Und da ist eine Schulaufsicht, die den Kindern verbietet hinaufzuklettern.

Es gibt dafür einen Spielplatz, wo wir Kleinen spielen können, wenn wir nicht von den grossen Schülern, die heimlich Zigaretten rauchen und sich gegenseitig verknutschen, weggeschickt werden.

Mit 16 Jahren stellte ich fest, dass viele Jugendliche ihr Leben als eine Last ansehen. Manche haben wirkliche Probleme, weil sie zu Hause auch zu viel alleine sind. Beide Elternteile sind an der Arbeit und die Kinder greifen zu Alkohol, Zigaretten und sogar zu Drogen, oder sie schlagen sich, stellen Dummheiten an und das nur, weil es ihnen langweilig ist.

Bei den Hausaufgaben kommen nicht alle mit, weil die Kinder nach einer kurzen Erklärung auch nicht den Mut haben nachzufragen oder weil es ihnen egal ist.

Ich bin ein Kind der Gegenwart und versuche trotz all diesen schlechten Einflüssen ein gutes Leben zu führen in der heutigen Zeit.

Das Thema Heiraten ist gar nicht wichtig, da sowieso Patchwork-familien in sind.

Auf der Suche nach Liebe ist schon so vielen die Seele gestohlen worden.

Danach sterben viele auch an eigenem Körpermissbrauch, den sie sich mit ihrem Suchtverhalten selbst antun.

Vor nicht so langer Zeit besuchten wir wieder einmal den Friedhof, auf dem unsere Grosseltern ruhen, und wie immer zündeten wir alle Kerzen auf den Gräbern an.

Überall brannten Kerzen auf den Gräbern. Für alle ein Licht.

Ich suchte das Grab meines Grossvaters und plötzlich stand ich alleine vor seinem Grabe.

Demütig blicke ich auf seinen Stein und las ganz langsam die Inschrift und verstand eigentlich erst in diesem Moment, dass Grossvater in einer ganz anderen Zeit gelebt hat.

Ich sehe ihn noch genau vor mir, wie er wieder am Erzählen ist und ich sage ihm in Gedanken ganz leise:

Lieber Grossvater, ich stehe jetzt mitten in meinem Leben und wollte so vieles wie du erleben, doch es ist vieles anders als zu deiner Zeit.

Eigentlich schade, dass du deine Geschichte vom Leben und wie es funktioniert nicht auch den anderen erzählt hast.

Konstruktive Kritik

wird es immer geben
ist aber gut in meinem Leben

ob Lob oder Tadel alles
wird schon seine Gründe haben

sogar das schlechte, hat was gutes
lerne es zu verstehen, tu es

wenn ich auch in meinem
Fundament des Lebens

einen Stein falsch verbaue
hoffe ich, dass es hält

denn es soll mich immer lernen
in meinem Leben auf allen wegen

die nächsten Steine
mit bedacht, richtig zu legen

Das Zünglein an der Waage

Grüne Blätter, trockenes Laub, reines Wasser
Schmutz und Staub
Aus dem Glauben lerne!
Ganz nah oder aus der Ferne

In jedem Glauben, in jeder Religion
Gibt es einen Vater
Eine Mutter, eine Tochter
Einen Sohn

Unter dem Himmelszelt falten wir die Hände
Nehmen Abschied von dieser Welt
Ein Anfang ohne Ende
Weil uns die Ewigkeit behält

Das Zünglein an der Waage
Bedient nun eine andere Macht
Wir sind nun in der Lage
Auf ihn zuzugehen, Tag und Nacht

Wir werden diese Aufgabe auch erfüllen
Und Gott wird uns für immer mit seiner Liebe umhüllen

Emotionen

Emotionen beginnen in den Tiefen unseres Unterbewusstseins und sie rauschen durch die Venen, das Herz, das Hirn, durch unseren ganzen Körper.

Der Herzschlag wird schneller oder verlangsamt sich und alle Sinne werden wach.

Ob durch Worte, Bilder, Düfte, Gesten oder Melodien.

Ja, Emotionen sind so wichtig in unserem Leben und wie schön wäre es doch, wenn wir Menschen wieder mehr Emotionen zeigen würden.

Das Leben, das wir hier und jetzt leben, lässt uns in unseren Gefühlen falsche Wege gehen.

Täglich mit schlechten Neuigkeiten gefüttert zu werden, lässt sogar unsere Emotionen erkalten, denn Kriminalität, Gewalt und Terror werden zur Gewohnheit, unser Unterbewusstsein registriert diese Ereignisse früher oder später als selbstverständlich.

Die Welt entwickelt sich weiter und wie entwickeln wir uns?

Was ist mit der Zivilisation geschehen? Schlagen wir jetzt jedes Mal zurück, wenn uns etwas nicht passt?

Erschiessen wir den Lehrer oder die Schulkameraden, wenn sie uns schlechte Noten geben oder kritisieren oder sprengen wir uns selber in die Luft, weil eine andere Meinung uns nicht passt.

Wir führen uns auf wie Neandertaler, du meine Güte, wo kommen wir denn da hin.

Wir sind unfähig miteinander zu sprechen, wir können oder wollen uns nicht in die Lage anderer versetzen. Doch auch der gegenseitige

Respekt ist verloren gegangen, wir haben keine Achtung mehr voreinander, beurteilen einander oberflächlich, sind geblendet von Äusserlichkeiten.

Wenn wir keine Lust mehr auf etwas haben, so wird es einfach ausgewechselt.
Ob es nun der Teppich, eine Kaffeemaschine oder sogar der Lebenspartner ist.
Nun, das mit dem Teppich und mit der Kaffeemaschine kann ich noch nachvollziehen, da wir eine Konsum- und Wegwerfgesellschaft sind, doch das mit dem Partner.

Wie heisst es immer so schön: Wir haben uns auseinandergelebt.
Natürlich, das ist ja auch einfacher als sich zueinander leben.
Wir wollen alles, haben grössere Häuser, doch kleinere Familien, wir fanden den Weg Millionen Kilometer zum Mond, doch immer weniger finden wir den Weg zu unserem Lebenspartner, zu unseren Geschwistern, Eltern oder zum Nachbarn.

Wir sollen weinen, aber auch lächeln können, wütend und fröhlich sein. Und behalten wir diese Mischung in unserer Mitte, so stimmt der Kreislauf unseres Gefühlslebens.
Und behältst du diese Mitte in deinem Herzen, kannst du mit Emotionen viel besser umgehen.
Emotionen, die heute dein Leben bereichern, die du gestern nicht kanntest und für die du morgen stark sein wirst.

Glaube Liebe Hoffnung

Glaube
Glauben heisst einen Raum in der Sphäre finden, einen Raum, den
wir zu jeder Zeit begehen und verlassen können. Einen Raum, der uns
umarmt, der uns aber nie einengt, einen Ort, wo unsere Seelen neue
Kräfte sammeln, mit denen wir neue Wege gehen, egal, wie fremd
sie auch sind.

Das hat nichts mit Fanatismus zu tun, wir geben unserem Dasein und
unseren Kindern nur eine Option, die sie, wenn sie daran glauben und
sie anwenden, weiterbringt.
    Für mich ist der Glaube ein Fundament, der meinem Leben Kraft
und Sinn gibt, der mir hilft auf dieser Welt zu bestehen.
    Ganz wichtig ist aber auch, dass wir nie den Glauben an die Kinder
und an uns selber verlieren.

Es gibt so viele Erwachsene und Kinder, die glauben, dass wir sie nicht
verstehen, weil niemand sich ihrer annimmt, die glauben, dass wir
keine Zeit zum Zuhören haben oder sie uns nicht nehmen wollen.
    Wie viele Menschen verstummen dadurch, weil wir uns missver-
standen haben?

Solange wir Eltern leben, werden unsere Kinder immer Kinder für uns
bleiben, egal, wie alt sie auch sind.
    Damit sie sich bei uns geborgen fühlen und wissen, dass wir hinter
ihnen stehen.
    Nur so gewinnen sie auch an Selbstbewusstsein und haben den
nötigen Halt in der Gesellschaft.

Liebe

Es gibt keine Liebe, die wir so innig leben und die so besonders aus unserem Herzen kommt, wie die Liebe zu unseren Kindern. Es ist diese Liebe, die uns die Kleinen in x-facher Weise zurückgeben.

Und deshalb sind wir alle so fasziniert von Kindern, denn sie sind etwas Besonderes und Wertvolles, unverfälscht und offen. Sie sagen uns, was sie denken und nehmen kein Blatt vor den Mund. Wenn wir auf sie eingehen, können wir sie auch in ihren Stärken und Schwächen durch ihr Leben führen.

Wir Eltern müssen aber auch lernen, dass unsere Kinder in einem anderen Umfeld als wir aufwachsen, dass andere Einflüsse auf sie wirken als zu unserer Zeit auf uns. Einflüsse, an die wir oft nicht denken. Doch die Kinder lernen schnell damit umzugehen, besser als wir es vielleicht können.

Sie müssen sich diesem Leben stellen, mit all den Oberflächlichkeiten und Gleichgültigkeiten und besonders mit den materiellen Einflüssen.

Hoffnung

Wie wichtig das Unwichtige und wie unwichtig das Wichtige ist, können wir ihnen beibringen und hoffen, dass sie schnell unterscheiden können, was wirklich wichtig für sie ist. Denn die Veranlagung des Menschen, das Glück an den falschen Werten zu messen und als Herdentier durch das Leben zu ziehen, verführt die Kinder und sie folgen der Mehrheit.

Und die zeigt nicht immer in die richtige Richtung.

Helfen wir denjenigen, denen das Grosswerden zu schnell geht und die sich nicht zurechtfinden, denen, die sich dagegen wehren und so halt- und orientierungslos durch ihr Leben flüchten. Die Strassen ihres Lebens haben vier Seiten: Für welche sie sich auch immer entscheiden mögen, sie soll sie an ihr Ziel führen.

Doch eine grosse Bitte haben wir an die liebe Jugend:
Liebe Kinder, nehmt das Leben ernst, ihr habt nur das eine.
Das Leben ist oft hart, herzlos und ungerecht.
Doch im Grossen und Ganzen ist es ein wundervolles Geschenk, mit dem ihr viel Freude haben werdet.

Denn wo Wolken aus bunten Luftballons bestehen, wo die kleinsten Sterne für euch leuchten.
Wo ihr unschuldig als Engel ganz glücklich leben könnt.
Da wollen wir euch noch lange nicht sehen. Diese Zeit kommt noch früh genug.
Denn kein Vater, keine Mutter will, dass ihr Kind vor ihnen geht.

Und so bitte ich den lieben Gott, sollte es doch so sein, dass Kinder vor uns Erwachsenen aus dem Leben treten, ob aus eigenem Willen oder weil es das Schicksal so wollte, so lasse sie nicht alleine da oben stehen.
Nimm sie an die Hand, begleite sie mit unserer Liebe und bringe sie in den Kinderhimmel.

Ich habe den Himmel gesehen

So endlos weit, still und hell
Unbekümmert liegen die Wolken in der Luft

Sie ändern ihre Form ganz schnell
In Leichtigkeit, so wie ein Duft

Ja, ich habe den Himmel gesehen
Und er ist so faszinierend schön

Doch es ist nicht dieser Himmel
Wo meine Seele in Pension wird gehen

Es geht weiter hinauf und da wird es dunkel sein
Da soll meine Seele leuchten als Stern allein

Doch da möchte ich nicht hin
So weit von dir will ich nicht gehn

Ich möchte doch nur als eine Rose
In deinem Garten stehn

Unsere Aufgabe

Dankend den Tag beginnen, dankend ihn auch zu beenden, so sollten wir leben, was immer die Gegenwart und Zukunft uns bringt und wir in der Vergangenheit erlebten.

Tränken wir unsere Seelen mit der Schönheit des Lebens. Eine Fülle von Erfolgserlebnissen, die wir sogar an täglichen Kleinigkeiten erleben können, wird unser geistiger Reichtum.

Menschen, die mit der Kraft der Liebe sich vorurteilslos die Hand geben können, glauben auch daran, dass das Gute das Böse umarmen kann, um für immer in Frieden zu leben.

So werden wir auch den Sinn des Lebens verstehen und ich hoffe, ihr findet den Weg!

Den Weg zu sich selbst, es wird nur schwierig für die, die sich selber im Wege stehen und mit sich selber nicht umgehen können.

Von Kindesbeinen an wird das Leben prüfend uns durch Zeiten voller Freuden und Leiden schicken, verleiten und verführen, loben und tadeln.

Und solange das Tor zum Himmel geschlossen ist, grüsst immer wieder mit Respekt den nie endenden Weg, den wir eines Tages gehen werden.

Wir alle machen Fehler, doch auch vieles richtig, also nehmt eure Aufgabe auf diesem Planeten zu leben ernst.

Damit wir unseren Nachkommen ein Vorbild sein können und die wieder ihren Nachkommen.

Denn in der Stille des Todes, in einer klanglosen Symphonie, die wir fühlen und nicht hören, sind wir einer anderen Macht ausgeliefert und nicht mehr fähig, die Fehler, die wir in unserem Leben gemacht haben, zu korrigieren.

Das ist unsere Aufgabe, wenn wir leben.

Für ewig Dein

Lege mein Leben in deine Hände
Und schliesse meine Augen still

Meine Zeit ist noch nicht zu Ende
Weil er mich noch nicht haben will

Ins Licht zu gehen, lass uns Zeit, bitte nicht beeilen
Der Tod gehört zum Leben
Möchte noch einmal in Geborgenheit weilen

Und versteht ihr es auch noch nicht
Glaubt einfach nur an diese Zeilen

Unser Herzschlag schlägt nach seinen Regeln
Und nur er setzt das Segel unserer Seelen

Er schrieb das Buch, das wir Leben nennen
Den Inhalt gestalten wir
Und werden Dir für immer dafür dankbar sein
Ein Blick durch tausend Tränen
Jetzt bleiben wir für ewig Dein

Globetrotter

Als Globetrotter
Trampe ich durch meine Welt
Frei sind meine Gedanken
Glücklich und aufgestellt

Lebe die Liebe mit Leidenschaft
Würdige den Glauben, fühle den Stolz
Bin aus ganz normalem Holz

Flaniere mit Fantasie
Lache auch ohne den Humor
Weine leise oder nie
Philosophiere über das Seelentor

Auf Wegen in den Himmel
Laufen viele hin und davon
Auf dieser Einbahnstrasse wenden
Wer macht das schon

Als Globetrotter trampe ich
Durch meine Welt
Ich glaube an Dich
Und was die Realität behält

Denn das, was meine Träume ehrt
Hat einen riesengrossen Wert
Die mir als Globetrotter
Niemand in meiner Welt verwehrt

Die Welt

Die Welt eine Kugel aus Licht und Schatten
Es gibt welche, die lehnen ab das Licht
Und finden Macht im Schatten

Andere wiederum beseitigen den Schatten im Licht
Und bringen viel Licht in den Schatten

Egal, wie wir es auch wenden und drehen

Das Dunkle habe ich nicht gern, ich ertrage es nicht
Und doch muss auch ich es akzeptieren
Denn ein Plus und ein Minus gibt Licht

Trotz all den Diskussionen über Gut und Böse
Über Maus und Ratten
Bleibt die Welt für immer eine Kugel
Aus Licht und Schatten

Mit ich

würde der Mensch
nicht immer nur an sich denken

sich weniger in den Vordergrund stellen
und sich selbst nicht so wichtig nehmen

mehr geben in seinem Leben
zwischendurch auf was verzichten

und sich endlich mehr besinnen

würden nicht so viele Sätze
mit ich beginnen

Für wen

Für wen wachsen die Blumen im Frühling
Wenn wir sie nicht mehr beachten

Für wen tragen die Bäume Früchte
Wenn wir sie nicht mehr essen

Für wen kochen, putzen und sorgen sich die Frauen
Wenn die Männer es nicht schätzen

Für wen machen sie sich schön
Wenn der Partner Augen für die anderen hat

Das Abendrot, auch das sehen wir nicht mehr
Deshalb wohnen wir an teurer Lage mit tollem Panorama

Atmen nicht mehr die reine Luft nach dem Regen
Ärgern uns nur, weil Kleider nass werden auf unseren Wegen

Niemand will euch euer Leben im Wohlstand vermiesen
Oh nein, ihr habt es sicher verdient, es sei euch gegönnt

Doch wie oft fehlt euch die Zweisamkeit
Auf etwas zu verzichten seid ihr nicht bereit

Ihr habt euch sogar daran gewöhnt
Dass ihr euer Leben
Nie wirklich geniessen könnt

Sei bei uns

wenn wir lachen, wenn wir weinen
wenn wir unsere Fehler auch verneinen

Sei bei uns

wenn wir das Leid auf Erden nicht mehr sehen
und oftmals über den Sorgen der Menschheit stehen

Sei bei uns

wenn der Tag beginnt, bis er zu Ende geht
wenn uns die Welt nicht mehr erträgt

doch ganz besonders

Sei bei uns

wenn wir lernen müssen, uns damit zu befassen
dass irgendwann unsere Seele den Körper
für immer verlässt

Von vielen eines

Berge aus Eis und Bären in Weiss, wie man sieht
Alles schmilzt, glaubst du, sie wissen, was mit ihnen passiert

Manchmal habe ich das Gefühl, alles Leben ist bedroht
Dann gibt es einige, die helfen sich mit Klonen aus der Not

Nennen wir das noch Himmelblau
Oder heisst es jetzt schon Himmelgrau

Alles auf der Welt halten wir in Daten fest
Digitalisieren es für den Rest

Unsere Welt am Sterben
Was wird die Nachwelt erben

Warum seid ihr mit dem Leben so hart
Was die Natur euch auch offenbart

Wird mit den Füssen getreten
Um Vergebung wird nie gebeten

So sehr seid ihr mit euch beschäftigt vor seinem Angesicht
Beachtet die Schönheit der Natur wieder einmal nicht

Ein Blumenmeer, von vielen eines
Entschuldigung, ich weiss, es beklagt sich keines

Die Natur, die an uns denkt, die für uns atmet
Die alles lenkt und uns mit ihrer Schönheit oft beschenkt

Lasst das auch eure Kinder wissen
Das Schlimmste ist, die Natur zu missen

Durch sie entsteht das Leben
Denn ohne Natur würde es das Leben nicht geben

Wir alle glauben

Wir glauben, dass Wünsche in Erfüllung gehen
Dass es Heilung bringt, wenn wir daran glauben
Wir glauben, dass nach dem Regen die Sonne scheint
Dass wir nach einem Streit wieder erwachen

Die Konsumgesellschaft glaubt an den Materialismus
Der Bänker an den Kapitalismus
Verlierer glauben Gewinner zu sein

Andere glauben an den Fortschritt
An die Entwicklung, an die Macht des Geldes
Täglich fordern sie das Schicksal heraus
Es wird mit allem spekuliert
Geht es schief, werden sie schon einen Schuldigen finden
Meistens sind es die Schwachen oder die Umwelt leidet darunter
Geht es gut, antworten sie dir: Wir haben immer daran geglaubt

Ich bin sicher nicht alleine, wenn ich an die wahren Werte des
Lebens glaube
Und weiss nicht, wie oft die Menschheit noch geohrfeigt werden muss
So wie mit der Klimaerwärmung, der Finanzkrise usw.
Damit sie endlich glaubt, dass wir keine Reserve-Welt haben

Lebensmelodie

Das Leben ist eine Melodie
Es beginnt piano, sanft und leise

Pianoforte, ausdrucksstark, schnell
Mischt sie sich mit Empfindungen

Du findest den Rhythmus, bewegst dich danach
Er wird zum Drang
Geniesse mit Forte den Klang
Sei es mit Trommeln, mit Gesang

Du übst und suchst nach neuen Tönen
Mit Fortissimo versuchst du deine Melodie zu krönen

Begeisterung findest du nicht bei allen
Doch einige finden Gefallen daran

Nun wünschst du dir, dass dein Lied noch lang erklingt
Dass Jung und Alt es singen, das ist dein Lohn

Denn irgendwann spielt deine Lebensmelodie
Dein Lied und bittet dich ihr zuzuhören
Bis hin zum letzten Ton

Was ihr jetzt sind

Was ihr jetzt sind, sind mir emol gsi
Was mir jetzt sind, werdet au er emol si
Und irgendwo über em Horizont vo dere Wält
Lüchte mer am Himmelszelt

Bitte gnüsset eues Läbe und wenn der öpis wänd säge
So säget's jetze, wo ihr d'Möglichkeit derzue händ
Denn im Himmel ghöret sie euch nümme uf dere wält

Stönd uf und redet vo Herze und mit Verstand
Und nöd met de Füst wie ne Fagant

Gwalt esch scho emmer es Zeiche vo Schwächi gsi
Und leider esches met dere Schwächi
Bi eus Mänsche no lag nöd verbie

Wenn der weit mitrede, müönt er au lehre zuelose
Gegewart und Zukunft, die ghöret eu
Und das heisst au, die Verantwortig übernäh
Nach em A au chönne B säge

Wer eifach de Kopf in Sand steckt und glaubt
Es wird de scho gut, wird nie gseh, was dusse passiert
Und wird so au nie öpis dra ändere könne

Ihr ghöred immer dezu und bruchet au niemerem öpis z'bewiese
Gänt eu d'Hand, wenn's schwer wird, eues Läbe z'läbe
Schierigkeite sind zum dra wachse, und wenn dir nöd wend wachse
Wärde euri Schwierigkeite nume no schweriger zum Löse si

Und wenn's in Usgang gaht, so klicket eu doch nöd grad us
Mesbruchet Eue Körper nöd für Modedroge
Denn so schnell chömet er nöd da druss

S'Läbe esch es Gschänk, vor dem du Respekt ha muesch
Denn hesch kei Respekt vor dim Lebe
Chasch au nöd verlange, dass es die andere vo dir händ

I jedem vo eu steckt so viel Potenzial
Ihr händ no alles vor eu
Glaubet a euri Ziel und dass ihr si au erreichet

Denn ich werde nie versto, warum so vili met 20gi oder jünger
Sich selber usem Läbe rise

Ich bin nöd alleini, wo a eu glaubt
Und wünsche, dass ihr glücklich älter werdet
Und schnell feststelle werdet
Dass jedes Alter sin Reiz hät

Mini Site vom Läbe, die sind gschriebe
Us dene ich eu vorgläse ha
Ich danke eu vo ganzem Härze, bsonders dene, die mir zueglost händ
Und schlüesse mis Buch

Was ihr jetzt sind, sind mir emol gsi
Was mir jetzt sind, werdet au er emol si

„Ich bin ein Licht, ein Licht wie du"

Wenn Gottes Lichter durch den Himmel streifen
Und Auserwählte sanft berühren
Ob süss, ob salzig unsere Tränen, die Erfüllung wird er uns gewähren

In Gedanken, leise sind unsere Gebete, nun trägt er uns davon
Bedingungslos ist unsere Liebe, ganz nah bei Gottes Sohn

Unser Leben legen wir in seine Hände, er schenkt uns ewigen Frieden
Wir danken Dir in dieser Zeit, für diesen grossen Segen

Werden nie mehr alleine sein, haben uns dafür bedankt
Das Leben, der Tod wird uns nur geschenkt

Seid nicht traurig, wenn wir euch verlassen
Ihr wisst, wir kommen nie mehr zurück
Helle Lichter ohne Schatten, auf unserem Weg ins Glück

Unsere Seelen werden neu geboren,
Unter seinen Schwingen sind wir nie verloren
In der Erinnerung werden wir immer bei euch sein
Dann nimmt Gott uns in seine Arme und flüstert leise uns zu:

„Ich bin ein Licht, ein Licht wie du"

Und vor uns öffnet sich die Türe des ewigen Lebens und bleibt für
euch hoffentlich noch lange zu

Der Papi

Der Papi esch en Musiker, eine met Härz und Blut
Jahrzänti het er musiziert, vor so viel Leistig ziehn i min Huet

A villne Orte hätt er scho gspillt, im Duo bis Orcheschter
Hät viel erlebt und oft verzellt, mängisch au vo gester

S'letschti Korn in der Sanduhr vo sim Läbe esch gfalle
Mer sind alli binim gsi, jetze eschs verbie

Der liebi Gott hätten ade Hände gno
Der Papi hät eus für emmer verlo

Im Himmel wird er sich sicher angaschiere
Wird für alli ob gross ob chlii witer musiziere

Denn der Papi esch Musiker, so eine met Härz und Bluet
Ich verabschiede mi, met däm schöne Gedanke,
denn dä tuet mir so guet

Zum Gedenken an meinen Vater,
gestorben am 28.2.2007

Das wird s'Grossi si

Wenn du abends in den Himmel siehst
Vielleicht wirst du da einen neuen leuchtenden Stern entdecken

„Das wird s'Grossi si!"

Wenn du am Morgen die Sonnenstrahlen
Durch die Wolken leuchten siehst

„Das wird s'Grossi si!"

Wenn dir der Wind sanft
Über dein Gesicht streichelt
So schliesse deine Augen

„Das wird s'Grossi si!"

Wenn du mit offenen Augen durch dein Leben gehst
Egal auf welchen Wegen, so kann, wenn du willst
Überall dein „Grossi si"!

Wer immer uns nahe steht, wir haben sie gern
Deshalb werden sie immer mit ihrer Liebe
Um uns sein, ob als Sonnenstrahl, als Wind oder auch als Stern

Der Samichlaus

Samichlaus, du liebe Maa
Ich freu mi, dass ich jetzte mis Färsli säge cha

Es esch es Färsli vo alne Kinderslüt
Denn mer wänd dir öpis säge hüt

Heb chli Zit für eus, es offnigs Ohr
Das wäri eifach wunderbar

Denn der Samichlaus of dere Wält
Esch en Samichlaus, dä schafft nöd fürs Geld

Der Samichlaus chond bi Schnee und Wind
Und dä liebe nöd nur Chind

Drum dänk au dra, heb Geduld met euis
Denn dini Wort sind für vili öpis Neuis

Entdüsch sie nöd, das get nur Schmerze
Bis eifach euse Samichlaus vo Herze

Mit rotem Gwand, Bart und wissem Haar
Denn so chömet alli Chinder wieder gärn zu dir

Au im nächste Jahr